ANDRÉ RIVOIRE

POÈME D'UN SOIR DE GUERRE

L'Humble Offrande

PIÈCE EN UN ACTE EN VERS

*représentée pour la première fois sur la scène du Théâtre-Français,
le 4 mars 1916.*

PRIX : UN FRANC

PARIS

LIBRAIRIE ALPHONSE LEMERRE

23-33, PASSAGE CHOISEUL, 23-33

M DCCCCXVI

L'Humble Offrande

ANDRÉ RIVOIRE

1879

POÈME D'UN SOIR DE GUERRE

L'Humble Offrande

PIÈCE EN UN ACTE EN VERS

représentée pour la première fois sur la scène du Théâtre-Français,
le 4 mars 1916.

PARIS

LIBRAIRIE ALPHONSE LEMERRE

23-33, PASSAGE CHOISEUL, 23-33

M DCCCCXVI

Au

Colonel de Villeneuve-Bargemon

PERSONNAGES

LE POÈTE . . . . GEORGES BERR.
SA MUSE . . . . MARIE LECONTE.

L'Humble Offrande

Une sorte d'atelier modeste. Aux murs quelques tableaux et des rayons de livres. Une grande fenêtre ouverte sur la nuit. A droite, une table de travail où la lampe éclaire quelques livres et, çà et là, des feuilles en désordre. Meubles peu luxueux. Ce n'est certes pas la misère, mais c'est moins encore la richesse. Le Poète est assis à sa table, accoudé sur un livre. Il prend sa plume, hésite. C'est un homme de plus de quarante ans, d'aspect maladif, au visage blême et crispé. Vêtements d'intérieur. Chemise molle.

LE POÈTE, LA MUSE.

LE POÈTE, *reposant sa plume.*

A quoi bon ?... Il est tard... La lampe va s'éteindre...
Poète qui ne sais que gémir et te plaindre,
Blessé mortellement sans avoir combattu,
Tout seul devant ta plume oisive, que fais-tu ?...

Il se lève.

A quoi bon prolonger ton inutile veille?...
Qu'importeraient tes vers, même s'ils étaient beaux!...
Les seuls mots dont la foule aujourd'hui s'émerveille
Sont des noms de soldats gravés sur des tombeaux...
Et toi, Poète, toi, qui n'avais d'autre envie
Que de faire aimer plus les douceurs de la vie,
Tous les insoucieux et crédules bonheurs,
Tous les plaisirs légers dont l'amour se décore,
Que te sert d'être libre et de rêver encore,
Bleuet pâle au milieu des rouges moissonneurs?...
Tu rêves!... Comprends donc que ta tâche est finie
Et qu'en ces temps d'horreur le monde le renie,
Tout cet humble idéal par tes vers enseigné!...
Q'auras-tu fait pour la commune délivrance,
Spectateur impuissant qui survis, épargné,
Aux millions de morts dont la terre a saigné,
Et qui, les jours venus d'angoisse et de souffrance,
N'as pas même l'honneur d'apporter à la France
Le trop faible rempart de ton corps dédaigné!...

*Il s'approche de la fenêtre et regarde, au loin, dans
la nuit.*

Oh! tu n'es pas coupable et ce n'est pas ta faute
Si l'on n'a pas voulu de toi pour les combats,
Si l'on t'a refusé de servir côte à côte

Avec les glorieux absents qui sont là-bas!...
Toi-même tu sais bien que tu n'aurais pu suivre
L'impétueux appel des vieux clairons de cuivre!...
Tu le sais, tu le sens qu'inerte dans ton coin
Tu ne peux rien qu'attendre et regarder au loin,
Guetteur impatient que la fièvre dévore
Et qui, toutes les nuits, veillant jusqu'à l'aurore,
Voudrait du moins, puisqu'il n'a rien qu'il puisse offrir,
Payer un peu sa dette à force de souffrir!...

Il revient lentement vers le fauteuil et s'y laisse tomber. La Muse entre et le regarde un instant. Rien de la Muse classique : petite robe simple, visage souriant, des gestes bien vivants et gracieux. On sent qu'elle est toute tendresse, toute espièglerie contenue.

LA MUSE, *doucement.*

Eh bien?... Que fais-tu, mon Poète?...
Quoi!... Tu restes le front baissé...
Je lis ta pensée inquiète
Sur ton visage convulsé...
Toujours à rêver sans écrire!...
Toujours ce douloureux sourire
Dont mon amour se sent glacé!...
Autrefois j'étais si hardie!...
Tes yeux m'ont-ils donc enlaidie,
Et mon doux règne est-il passé?

Ingrat!... Ton regard se dérobe!...
Souviens-toi comme, avec orgueil,
Au bruissement de ma robe,
Tu courais joyeux vers le seuil!...
Souviens-toi comme, sur mes lèvres,
Tes baisers prolongeaient les fièvres
Délicieuses de l'accueil!...
Et tu m'emportais, déjà lasse,
Pour m'asseoir plus vite, à ta place,
Entre les bras du vieux fauteuil!...

Tu me disais : « Tiens, lis, regarde!
Sont-ils bien comme tu les veux? »
Cher murmure où l'amour s'attarde,
Tes vers étaient tous des aveux...
Je me sentais emprisonnée
Dans l'étreinte passionnée
De ces désirs et de ces vœux,
Comme une enfant qu'on emmitoufle,
Tandis que, retenant ton souffle,
Tu te penchais sur mes cheveux.

J'étais ta maîtresse et ta Muse...
Que t'ai-je fait?... Je t'aime tant!
Ton air découragé m'accuse.
A peine si ta main se tend...

Je sens que j'ai tort d'être blonde,
Et d'être rose, et d'être ronde,
Et de sourire, par instant...
Tout cela te plaisait, naguère!...
Tu m'en veux, à moi, de la guerre!...
Ce n'est pas ma faute, pourtant!...

*Et la Muse s'est approchée, peu à peu, jusqu'à s'installer
aux genoux du Poète.*

LE POÈTE.

Ah! ma pauvre petite Muse, au cœur futile,
Qui viens me réclamer des baisers et des vers,
Au moment où la Mort partout fauche et mutile
Et de ses gestes d'ombre obscurcit l'univers!...
Des baisers!... Des baisers!... Tu ne te rends pas compte!...
Et des vers!... Mais, des vers, est-ce que cela compte,
Surtout des vers pareils à ceux que je t'offrais,
Des vers chantant l'amour gai, lumineux et frais?...
Mais tu ne sens donc pas que ma triste pensée
Par tous nos souvenirs de joie est offensée!...
En voulant m'égayer, tu crois me secourir...
Tu veux être, plus que la Muse, la maîtresse,
Et tu ne comprends pas qu'il est une détresse
Que même les baisers ne savent pas guérir...
Hélas! tu ne peux rien pour moi, pas même entendre
Le cri du désespoir où je me sens plonger...

Il faudrait un cœur grave, et le tien n'est que tendre,
Ton visage n'admet qu'un chagrin passager,
Je te connais si bien, ton oreille n'est faite
Que pour les mots câlins qui te parlent de toi,
Et même un jour de deuil te semble un jour de fête
Pour peu que du soleil ricoche sur le toit!...

> *Il se lève.*

Des baisers!... Des baisers!... Le reste ne t'importe!...
Nous sommes là tous deux... Fermons sur nous la porte!...
Tu veux oublier l'heure au plaisir des instants...
Périsse l'univers!... Tu ne te crois aimée
Que lorsqu'on te caresse et lorsqu'on t'a nommée
De tous les mots en fleur que l'on cueille au printemps!...

> LA MUSE, *très calme, gentiment ironique.*

> Oh! comme te voilà farouche!
> Que de reproches à ma bouche!
> Que de colère et que d'émoi!...
> Dans ce grand mépris qui m'accable
> Comme tu poursuis, implacable,
> Ce que toi-même as fait de moi!

C'est vrai, je fus toujours une petite Muse
Qui va, vient, chante, rit, sourit, s'amuse et muse,
J'ai préféré la rose aux beaux lauriers divins,
Mais, si la faute est mienne, ajoute qu'elle est nôtre...

Injurieux amant, demandais-tu rien autre
Que de jolis baisers voluptueux et vains?...
Tu me souhaites grave, après m'avoir choisie
Pour ma gaieté frivole et pour ma fantaisie
Et parce qu'en riant mon nez se retroussait...
Bien sûr, je ne suis pas la Muse de Musset,
Fille des sommets bleus et de l'antique Hellade,
Que voyait, dans ses nuits, le grand enfant malade
Sortir de l'ombre avec des gestes de douceur,
Et se pencher sur lui comme une chaste sœur!...

Un peu solennelle.

Mais celle-là, c'était une Muse sacrée,
La déesse sans corps que le poète crée,
Tu me l'as dit toi-même, et, Jupiter nouveau,
Comme une autre Pallas, fait naître en son cerveau!...

Presque gaiement.

Je ne suis, par bonheur, qu'une Muse vivante —
Bien vivante en tes bras — qui t'aime et qui s'en vante,
Et dont les voiles blancs sont ma robe de nuit...

Avec une mélancolie gracieuse.

Je t'aime trop peut-être, et c'est ce qui me nuit!...
J'ai gardé, j'en conviens, des minutes heureuses,
Et du passé charmant dont tu m'enveloppas,
Des sourires gamins, des façons amoureuses,

Une grâce coquette, où mon vrai cœur n'est pas...
Oh!... je ne songe pas à nier ma faiblesse...
Sur un signe de toi, mon amour n'est pas fier,
Et n'hésiterait pas à manquer de noblesse...
Je suis femme, ta femme, aujourd'hui comme hier...
Mais est-ce une raison pour ne pas te comprendre?
Quand les baisers que j'attendais nous auraient pris
Le temps de les donner et celui de les rendre,
Aurais-je mérité l'excès de ton mépris?...
Crois-moi, va, cet amour, objet d'un tel reproche,
Parce qu'il fut joyeux comme un oiseau d'Avril,
Ne l'écarte pas trop de toi, quand il s'approche!...
Il n'est pas moins profond pour être puéril.
Tu le juges, tu le condamnes sur un doute...
Mais sais-tu si notre passé me contient toute?...
Tu dis que les baisers ne savent pas guérir.
Est-ce bien sûr?... Pourquoi dédaigner ton amante?...
Il ne manque, parfois, au cœur qui se tourmente
Que d'exhaler sa peine et que d'oser s'ouvrir.

LE POÈTE.

Non, non, tu ne peux rien pour moi!... Toi ni personne!...
Je croyais à mon rêve, et mon rêve a failli!...
Et je demeure là, quand l'heure ardente sonne,
Prisonnier de moi-même, incapable et vieilli!...
Laisse-moi!... Laisse-moi!... Va-t'en, Muse trop douce,

Muse des jours d'oubli, tu ne peux pas savoir
Quel remords, dans mon cœur, brusquement te repousse
Et ce qu'il y renaît de lointain désespoir!...
Tu n'as connu que ma jeunesse finissante,
Le résigné que l'amour seul faisait frémir,
Le rêveur indolent que ta voix caressante,
Au berceau de tes bras, achevait d'endormir...
L'heure ardente, à tes yeux, n'est que la plus chérie...
Tu ne te doutes pas que, devant moi dressé,
Un autre rêve accourt du fond de mon passé...
L'heure ardente!... L'heure sainte de la Patrie!...
L'heure dont s'enivrait notre enfance meurtrie!...
De quel front rayonnant notre corps l'appela!...
Tu ne peux pas savoir, toi, tu n'étais pas née,
Mais nous que, tout petits, la défaite accabla,
Les fils vêtus de noir de la terrible année,
Nous n'avions cru grandir que pour cette heure-là!...
Nos jeux et nos chansons, nos dociles prières,
Tout s'enfiévrait pour nous de revanches guerrières!...
Tu ne peux pas savoir, Muse des jours d'oubli!...

Il va prendre quelques feuilles dans un coffret.

Ce soir, dans ce coffret, sous un ruban pâli,
Copiés gauchement d'une main qui s'applique,
J'ai retrouvé mes vers d'enfant, — humble relique
Où le plus pur de moi repose enseveli.

Les yeux sur les feuilles.

Ce sont de pauvres vers... Plus d'un sur ses pieds boite,
Et le premier s'essoufle à traîner les suivants,
Mais, au cercueil poudreux de la petite boîte,
Ces vers d'un enfant mort, ils sont restés vivants!...
Tous et tous, ils sont pleins de naïves menaces,
De haines, de défis, qui se croyaient tenaces!...
Bel orgueil enflammé qui fut sans lendemain!...
Passagères ardeurs, certitude ingénue!...
La promesse, en ces vers, écrite de ma main,
Notre jeunesse à nous ne l'aura pas tenue!...
Tout le sang qu'elle aurait coûté nous a fait peur,
Nous nous sommes épris d'un idéal trompeur,
Un rêve fraternel mit en nous sa torpeur...
Quel rêve!... Nous avions pensé, fous que nous sommes,
Désarmer les méchants à force de pardon...
La France généreuse et libre aurait fait don
De la paix souveraine au peuple entier des hommes...
Mirages éternels des futurs âges d'or
Où toujours, dédaignant la réalité nue,
Le chimérique espoir des poètes s'endort!...

Dans un sursaut.

Et voilà que, soudain, le jour, l'heure est venue...
Puisqu'elle était fatale, ah! qu'elle a trop tardé!...
Que de vaine indulgence à des passions vaines!...

Mon cœur s'était cru libre et ne s'est pas gardé,
Je n'ai fait que plaisirs du trésor de mes veines,
J'ai fatigué mes pas où l'amour m'a guidé,
Tout effort est trop lourd à mon corps excédé...

Il se laisse tomber assis devant sa table.

Et, quand un peuple fou nous étreint de ses haines,
Je retombe, sans force, à ma table accoudé !...

LA MUSE, *déjà grave.*

Je sais... Souvent, je te regarde
Et viens me pencher, pas à pas,
Sans que tes yeux y prennent garde,
Sur la page où tu n'écris pas...
Je ne dis rien, je suis à peine
Présente, et me laisse ignorer...
Mais que de fois, quand tu me crois lointaine,
Je pleure de te voir pleurer !...
Je sais, va !... Je te plains... Serais-je ton amie,
Si, bien avant les mots qui m'ont dit ta rancœur,
Ta pauvre figure blêmie
Ne m'avait révélé ton cœur?...
Tu peux me le montrer sans honte !...
Pourquoi me dérober cette larme qui monte?...
Mon petit !... Reste, mon petit,
Là, caché comme sous une aile !...

Une étreinte un peu maternelle
Rend fort l'homme qui s'y blottit!...

LE POÈTE.

Fort, dis-tu?... Mais rien que ce mot, malgré toi-même,
Ajoute au mal fiévreux qui me fait frissonner!...
Fort!... Mais, pour être fort, à cette heure suprême,
Il faut avoir, du moins, un corps qu'on peut donner!...

Sans se lever.

Que ne suis-je de ceux qui, pour aller se battre,
En uniforme bleu, s'en vont, quatre par quatre,
Vers les gloires et les misères du destin!...

Et les yeux du poète s'illuminent de la vision qu'il décrit.

J'en ai vu qui partaient si gais, l'autre matin,
Tout jeunes, des gamins dont la France s'honore,
Un seul clairon scandait leurs pas dans l'air sonore,
Des femmes souriaient au travers de leurs pleurs...
Eux, les canons de leurs fusils bourrés de fleurs,
Ils s'en allaient, tous beaux de leur front qui se dresse,
A la place inconnue où le sort les adresse,
Cimenter de leur corps le mur qui nous défend!...
Presque tous, ils quittaient leur première maîtresse,
Mais n'importe!... Ils montraient dans leur regard d'enfant
La même certitude et la même allégresse :
Leur départ avait l'air d'un retour triomphant!...

Il se lève.

Ah! ma pauvre petite Muse de tendresse,
Nous sommes là, tous deux, à nous pencher sur nous,
Cependant que par eux, là-bas, la tâche est faite...
Comprends donc!... Leur victoire est un peu ma défaite,
A moi, soldat d'hier, qui manque au rendez-vous,
Et qui, lorsque ceux-là reviendront par les rues,
Aux acclamations des foules accourues,
Ne pourrai que cacher mon front dans tes genoux!...

*Et il laisse tomber son front baissé et demeure, un instant,
tout secoué de sanglots.*

LA MUSE, *lui relevant le front, et, peu à peu, se haussant
tout entière, du geste et de la voix.*

Et pourquoi donc?... Pourquoi cette méconnaissance
De toi-même?... Pourquoi te rabaisser, au point
De ne plus voir en toi que ta seule impuissance
Et d'être humilié de ce que tu n'es point?...

Pourquoi, devant tes yeux, n'avoir que cette image
De ceux qui partent quand tu restes?... Ce qu'ils font,
Ne l'aurais-tu pas fait toi-même, à ce même âge
Où ta force éclatait dans ton regard profond?...

Ne le ferais-tu pas, si tu pouvais le faire
Encore?... Et voudrais-tu supporter ce remords,
D'autant plus accablant, s'il était volontaire,
De rester un vivant qu'auront sauvé des morts?...

Non, n'est-ce pas?... Alors, poète trop sensible
Dont les deuils mêmes sont d'un amant éperdu,
Vas-tu longtemps encor regretter l'impossible
Et perdre en vains soupirs le temps qui t'est rendu?...

Je m'irrite, à la fin!... Je ne suis qu'une femme,
Mais de France, gaie au plaisir, brave au danger,
Forte à l'épreuve, — une de celles qu'on diffame,
Parce qu'on n'aperçoit que leur rire léger.

Tu ne comprends donc pas que tout mon cœur s'élance
Vers toi, dont le meilleur s'épuise à s'attendrir,
Et qui laisses ainsi, dans l'ombre et le silence,
Ton inutilité, jour par jour, t'amoindrir!...

Tu te plains de n'avoir pas d'armes?... Et ta plume,
Qui, depuis si longtemps, se rouille, dans ta main?...
Un vers!... Et sur le monde une étoile s'allume,
Pour guider, dans leur nuit, les peuples en chemin!...

Parce que tu n'es plus celui que tu souhaites,
Devant ces feuillets blancs, des mois, tu t'accoudas!...
Écris!... La France attend l'œuvre de ses poètes,
Pour achever, demain, l'œuvre de ses soldats.

Chacun sa tâche!... Écris!... C'est la tienne... Eux, s'ils meurent,
Ce n'est pas seulement pour leurs champs envahis,
C'est pour que les beaux vers de la France demeurent,
C'est pour sauver, surtout, l'âme de leur pays!...

Au fond de leur obscure et naïve tendresse,
L'art qu'ils ignorent n'est pas moins essentiel :
Un beau vers est pareil au clocher qui se dresse,
Tous deux, du même élan, montent vers notre ciel!

LE POÈTE, *gagné peu à peu, avec un espoir en lui-même
encore défiant, mais qui déjà lui éclaire le visage.*

Un beau vers!... De beaux vers!... Oui, de ceux que répète,
A jamais, par delà le présent, l'avenir,
Et qui, retentissant plus haut que la tempête,
Font ressurgir l'espoir avec le souvenir...
Il est des vers qui sont comme le pain de l'âme
Et que l'avide faim d'un peuple entier réclame
Pour que l'effort commun s'y vienne raviver!...
Ceux qui les garderaient en eux seraient coupables,
Mais, de tels vers, combien, ô Muse, en sont capables,

Et viens-tu donc me dire, et vas-tu donc rêver
Que, dans ce faible cœur, je pourrais les trouver?...

LA MUSE, *doucement.*

Écris!...

LE POÈTE, *de plus en plus gagné, mais avec un dernier doute,*
encore.

Quoi!... tu peux croire!... Ah! si j'osais!... Peut-être..
Oui... J'aurais dû plus tôt me confier à toi,
Car c'est en toi surtout que j'ai manqué de foi,
O Muse, en même temps ma maîtresse et mon maître!...
Tu crois qu'à nous deux... Mais je n'ai jamais été
Que le voluptueux poète de l'été!...
Les vers qui sont en moi seraient si peu de chose!...
L'heure est aux mots puissants... Comment veux-tu que j'ose?..
Je ne sais que sourire au caprice chantant
De la brise qui passe ou du ruisseau qui coule...
Comment me dresserais-je au-dessus de la foule
De toute la hauteur des grands vers qu'elle attend?...

LA MUSE, *d'un ton assuré et qui ordonne.*

Écris!... Pourquoi douter d'avance,
O poète obsédé d'orgueil?...
Seul l'effort compte, et non l'accueil...
Écris, pour acquitter ta part de redevance!...
Dût-elle rester sans pouvoir,

Que ta voix n'aurait pas le droit d'être muette!...
        C'est surtout quand le ciel est noir
        Qu'il suffit pour nous émouvoir
        Du chant léger d'une alouette...

Et puis, qui sait?... tes vers, peut-être, seront beaux
        D'avoir traversé ta souffrance!...
        Le génie épars de la France
        Allume au hasard ses flambeaux!...
Toi-même, le sais-tu, ce que ton cœur recèle,
Depuis qu'en pleine insouciance du passé
Un autre amour, plus fort que l'amour, t'a blessé?...
Le sais-tu, ce qu'en toi ces jours ont amassé
D'enthousiasme pur, de mépris courroucé,
        Qui n'attendent qu'une étincelle?...
Par ton silence, un seul beau vers fût-il perdu,
        A la Patrie il était dû...
Pour n'être pas sorti de ton humble écritoire,
Il manquerait demain, peut-être, à la Victoire...

   Et elle s'anime, ses gestes deviennent plus larges.

L'aube est proche... Tous les poètes, levez-vous,
        Autour de la Muse française!...
        Soyez les grands frères jaloux
        Des soldats de dix-neuf-cent-seize!...

Ce qu'ils sentent obscurément,
Qu'un vers éblouissant soudain le leur révèle!...
Que leurs yeux soient, par vous, beaux du rayonnement
D'une immense aurore nouvelle!...

LE POÈTE, *s'exaltant à son tour.*

Oui, Muse, oui, ton cœur a raison...
J'étais perdu dans la nuit noire!...
Ta voix m'éclaire l'horizon...
Par toi je comprends qu'il faut croire,
Je comprends que se taire est une trahison...
La France à tous ses fils réclame
Aux uns le corps, aux autres l'âme...
Poètes et soldats, ayons mêmes fiertés!...
Faisons du mieux de nos génies
Dans ce suprême assaut des jeunes libertés
Contre les vieilles tyrannies!...
L'aube est proche... Oui... Tous les poètes, levons-nous,
Autour de la Muse française!...
Soyons les grands frères jaloux
Des soldats de dix-neuf-cent-seize!...

Avec une ferveur qui deviendra de l'enthousiasme.

Et vous, les mots de France, vous,
Si clairs, si prompts, si forts, si doux,
En qui tant d'héroïsme veille,

Vieux mots de chez nous, qui savez
Surgir aussi beaux des pavés
Que sous la plume de Corneille!...

Mots qui, jaillis de toutes parts,
Au jour des sublimes départs,
Tendez les poings, crispez les bouches,
Et, quand le drapeau claque aux vents,
Mots vengeurs des hymnes fervents
Qui s'achèvent en cris farouches!...

Mots dans le fracas des canons!...
Mots, pêle-mêle avec des noms,
Qui crépitez comme des balles!...
Et vous, mots humides de pleurs,
Que l'on dépose, avec des fleurs,
Sur les croix des pierres tombales!...

Mots qui ressuscitez l'espoir
Au-dessus du grand peuple noir
Des mères en deuil et des veuves!...
Mots où la Victoire, en chantant,
Sourit à son glaive éclatant
Au soir des injustes épreuves!...

Tous les mots de France, sonnez!...
Venez sous ma plume, venez
Avec une sainte allégresse!...
Et, les jours sombres révolus,
Redevenez les mots élus
Par qui l'Humanité progresse!...

Il revient à la Muse qui l'écoute, tout extasiée.

O Muse, si petite et si grande, merci
De ce que tu cachais derrière ton sourire!...
Puisqu'un vers peut aider à la Victoire, aussi,
Viens, de toute notre âme, essayons de l'écrire!...

Et ils se dirigent ensemble vers la table de travail.

RIDEAU.

5608. — Imp. A. LEMERRE, 6, rue des Bergers, Paris.